Vente des 18, 19, 20 et 21 Février 1874

HÔTEL DROUOT, SALLE N° 1

COLLECTION DE M. H. ENSMINGER

TABLEAUX

ANCIENS

MINIATURES

OBJETS D'ART

EXPOSITION PUBLIQUE : le Mardi 17 Févr

M° DELBERGUE-CORMONT, COMMISSAIRE-PRISEUR

Rue de Provence, 8

MM. DHIOS et GEORGE	M. CHARLES MANNHEIM
EXPERTS	EXPERT
Rue Le Peletier, n° 33.	Rue Saint-Georges, n° 7.

PARIS — 1874

EXEMPLAIRE DE PRIX

Vᵉ RENOU, MAULDE et COCK

IMPRIMEUR DE LA COMPAGNIE DES COMMISSAIRES-PRISEURS

Rue de Rivoli, 144

CATALOGUE

DE

TABLEAUX

ANCIENS

PARMI LESQUELS

Un beau Portrait par LARGILLIÈRE, une Marine par Joseph VERNET

QUELQUES TABLEAUX MODERNES

AQUARELLES, DESSINS, PASTELS

OBJETS D'ART ET DE CURIOSITÉ

Miniatures par Blaremberghe, Hall et autres; Bijoux:
Orfévrerie; Faïences; Porcelaines; Sculptures en marbre,
ivoire et bois; Armes et Fers: Émaux de Limoges;
Bronzes d'art et d'ameublement; Meubles en bois sculpté
et autres; Pendules des époques Louis XIV et Louis XV;
Bureau Louis XV; Objets variés: Fragment de Coussin,
dit de Saint-Luc, et Escarcelle donnés par Charlemagne à
Magnus, archevêque de Sens.

TAPISSERIES ET ÉTOFFES

Composant la Collection de M. H. ENSMINGER

ET DONT LA VENTE AURA LIEU

HOTEL DROUOT, SALLE N° 1

Les Mercredi 18, Jendi 19, Vendredi 20 et Samedi 21 Février 1874

A DEUX HEURES

M° **DELBERGUE-CORMONT**, Commissaire-Priseur,
rue de Provence, 8,

Assisté, pour les Tableaux, de **MM. DHIOS** et **GEORGE**, Experts,
rue Le Peletier, 33;

Et pour les Objets d'art, de **M. CHARLES MANNHEIM**, Expert,
rue Saint-Georges, 7.

CHEZ LESQUELS SE TROUVE LE PRÉSENT CATALOGUE

EXPOSITION PUBLIQUE

Le Mardi 17 Février 1874, de une heure à cinq heures.

PARIS — 1874

CONDITIONS DE LA VENTE

Elle sera faite expressément au comptant.

Les Acquéreurs paieront CINQ POUR CENT, en sus des enchères.

L'Exposition mettant les Acquéreurs à même de se rendre compte de l'état des Objets, il ne sera admis aucune réclamation une fois l'adjudication prononcée.

ORDRE DES VACATIONS

Les *Mercredi 18 et Jeudi 19 Février :* Objets d'art, Miniatures, etc.

Les *Jeudi 20 et Samedi 21 Février :* Tableaux, Aquarelles, Dessins. .

DÉSIGNATION

MINIATURES

1 — **Blaremberghe** (Van). Jolie petite miniature sur vélin, de forme rectangulaire : Paysage ; à gauche, berger et bergère endormis, à droite, un chasseur suivi d'un chien. Cadre en or.

2 — **Carême**. Miniature ronde sur ivoire : Bacchante enlaçant de ses deux bras une statue de faune. Cadre en bronze.

3 — **Charlier**. Miniature sur vélin : Vénus et amours dans un paysage. Cadre ovale en bronze.

4 — **Cochin**. Dessin sur papier : Bal champêtre et travesti. Cadre carré en bronze, à perles.

5 — **Hall**. Très-belle Miniature, signée **Hall**, 1774 : Portrait de M. Debesse, architecte des fermes. Dans un charmant cadre en bois sculpté et doré de la plus grande finesse d'exécution. Collection de M. de Boissieu.

6 — **Isabey**. Miniature sur ivoire : Portrait de Garat. Cadre ovale en cuivre.

7 — **Klingstett**. Miniature ovale sur vélin : Vertumne et Pomone.

8 — **Leprince** (Xavier). Fixé de forme ronde : La partie de campagne.

9 — **Parant**. Deux Peintures sur porcelaine imitant des camées : Portrait de Napoléon Ier et tête de femme. Cadres en cuivre.

10 — **Petitot** (École de). Miniature sur vélin : Portrait d'Anne d'Autriche. Cadre en bois sculpté et doré.

11 — **Valayer Coster**. Dessin sur vélin : Jeune femme artiste. Cadre rond en cuivre.

12 — Jolie miniature sur ivoire. Sainte famille, d'après le Corrége.

13 — Miniature sur vélin. Portrait du cardinal de Lorraine, dans un cadre en bois sculpté et doré.

14 — Deux miniatures : Tête de vieillard, par Deveria ; Tête de jeune fille, d'après Greuze, et Musiciens en costumes flamands.

15 — Miniature sur ivoire, par Hall : Portrait d'André Chénier, dans un médaillon en cuivre.

16 — Miniature sur vélin, genre Klingstett : Danse villageoise. Cadre carré en cuivre.

17 — Quatre miniatures sur ivoire, en grisaille, sur fond bleu : Sujets d'après Raphaël peints pour la collection du prince Charles de Ligne. Trois ont des cadres en cuivre, à perles, la quatrième a un cadre en bois sculpté.

18 — Trois miniatures du temps de l'Empire : Portraits de femmes.

19 — Miniature sur vélin : Portrait de Philippe d'Orléans, régent. Dans un cadre en bois sculpté.

20 — Miniature sur vélin, provenant vraisemblablement d'un missel du xve siècle. Dans un cadre sculpté à feuilles.

21 — Miniature sur vélin : La crèche. Dans un cadre en cuivre à feuilles.

22 — Miniature sur ivoire : Portrait de femme en costume du temps de Louis XIV. Cadre carré en cuivre.

BIJOUX

23 — Joli collier et deux pendants d'oreilles, en argent
et roses : Le milieu du collier est orné d'une
plaque suspendue par un nœud de ruban.
Époque Louis XIII.

24 — Montre Louis XVI en or émaillé, décorée de deux
figures d'enfants et enrichie de jargons. Mouvement de Baudy, à Paris.

25 — Montre Louis XVI en or émaillé, en grisaille, et
enrichie de jargons à nœud. Mouvement de
Lépine, horloger, à Paris.

26 — Montre Louis XVI en or émaillé, à figures, avec
encadrements de demi-perles et feuillages émaillés vert.

27 — Grosse montre en cuivre gravé et doré, avec cadran à cartouches. Mouvement de Josué Panier,
à Paris.

28 — Montre Louis XV, à double boîtier, en or repoussé
à figures et ornements. Mouvement de Cabrier.

29 — Petite montre en argent doré avec châtelaine en
cuivre doré.

30 — Montre Louis XVI avec portrait de femme peint
sur émail et enrichie de jargons.

31 — Mouvement de montre avec cadran en or, offrant
des figures d'enfants finement ciselées en relief.

32 — Montre à répétition, en or émaillé, à figures et
feuillages. Mouvement de Lépine, à Paris.

33 — Bague en or montée de deux brillants et d'un
saphir.

34 — Bague en argent du xvi⁵ siècle, ornée d'un grenat.

35 — Bague en or émaillé, ornée d'une intaille sur
agate.

36 — Bague du xvie siècle, en or émaillé, modèle à enroulements.

37 — Autre bague du xvie siècle, en or, enrichie de deux roses et d'un petit diamant.

38 — Bague en or, de style antique, ornée d'un saphir.

39 — Bague Louis XVI, à rosace en roses.

40 — Bague en or émaillé, ornée d'un grenat.

41 — Bonbonnière ronde, en cristal de roche avec monture en argent émaillé.

42 — Jolie broche, formée d'un camée moderne, entouré de roses et de perles fines.

43 — Étui Louis XVI, en or guilloché et ciselé à ornements.

44 — Plaque de corsage, formée de trois émaux superposés, entourés de pierres de couleur.

45 — Bijou Louis XIII, formé de quatre pendentifs en or émaillé et perles fines.

46 — Figurine de chevalier en argent ciselé, dont le corps est formé d'une perle baroque; sur socle en malachite.

47 — Amorçoir en nacre de perle sculptée, monté en argent ciselé.

48 — Joli collier composé de cabochons en sardonyx orientale, montés en or; il a appartenu à la princesse Lipano.

49 — Étui Louis XVI en ivoire sculpté, à figures d'enfants, et repercé à jour.

50 — Deux grands pendants d'oreilles en argent et chrysolithes; travail espagnol ancien.

51 — Navette Louis XVI, en écaille posée d'or, à fleurs et ornements.

52 — Collier en ambre avec fermoir en or.

53 — Deux tabatières rondes du temps de Louis XVI,
l'une en écaille posée d'or et l'autre en ivoire,
avec cercle entouré de perles.

54 — Reliquaire ou plaque d'ordre religieux en cuivre
émaillé; époque Louis XIII.

55 — Trois médailles dont une en argent.

56 — Petit Cachet en cornaline et Figurine émaillée à
froid.

57 — Garniture de pied (trois pièces), en argent émaillé,
de style Louis XIII.

58 — Deux Pommes de canne : l'une en cristal de roche,
l'autre en argent ciselé, à sujet de chasse au
sanglier.

59 — Deux Châtelaines Louis XV, en cuivre.

60 — Collier orné de chrysophrases, monté en or et
perles fines.

61 — Petite Coupe en cornaline, montée en or, avec anse
formée d'un serpent.

62 — Dessus de Carnet Louis XVI, en ivoire.

63 — Broche formée d'une peinture sur émail, à figures
et entourée de pierres de couleurs et de perles.

64 — Cinq pièces diverses : Médaille en bronze doré de
Henri IV et de Marie de Médicis et quelques in-
signes d'ordres divers, en argent.

65 — Lot de corail.

66 — Quatre pièces en cornaline : Flacon, coupe, etc.

67 — Tabatière en émail de Saxe, décorée de figures et
montée en bronze doré.

68 — Tabatière formée d'une tête d'homme, en émail de
Saxe.

ORFÉVRERIE

69 — Très-bel Ostensoir du temps de Louis XIV, en argent ciselé et doré, enrichi de Figurines et de Groupes finement exécutés.

70 — Grande Ceinture en argent doré, émaillé et garnie de pierres fines. Travail hongrois.

71 — Autre Ceinture avec large fermoir et bossettes en argent ciselé, doré et enrichis de pierreries. Même travail.

72 — Cafetière Louis XV, en argent, à côtes et à couvercle surmonté d'une fleur.

73 — Deux Salières ovales, en argent, à rosaces percées à jour et garnies de verre bleu.

74 — Sucrier ovale, en argent, décoré de guirlandes et à pieds de biche. Époque Louis XVI. L'intérieur est en verre bleu.

75 — Deux Tasses avec soucoupe en vermeil.

76 — Petit modèle de gondole vénitienne, en argent.

77 — Ménagère en plaqué.

FAIENCES

78 — Fabrique Siculo-arabe : Joli Plat rond à décor à reflets métalliques rehaussé de bleu et portant les armes de Léon. Dans un cadre en bois sculpté.

79 — Fabrique d'Urbino : Petite Coupe ronde, repoussée à bossages et à décor à compartiments sur fonds variés.

80 — Même fabrique : Coupe de même forme, décorée de grotesques, sur fond blanc.

81 — Fabrique de Castel-Durante : Petit Plat décoré d'une figure au centre et de trophées d'armes en grisaille sur fond bleu, au bord.

82 — Fabrique hispano-arabe : Salière à figures en ronde bosse et décor à reflets métalliques.

83 — Fabrique italienne : Bénitier orné de figurines en relief.

84 — Fabrique de Rhodes : Plat rond décoré de fleurs, émaillées en couleurs.

85 — Fabrique de Castelli : Plat rond représentant Diane au bain, surprise par Actéon.

86 — Même fabrique : Petite assiette représentant Suzanne et les vieillards. Le bord est décoré de rinceaux et de figures de génies.

87 — Faïence de Delft : Pot à eau et cuvette à côtes et à décor polychrôme.

88 — Fabrique de Rouen : Petit Compotier rond, à bord festonné, décor polychrôme au carquois.

89 — Pot à anse, en terre émaillée de Munich, à ornements en couleurs et rehauts d'or.

90 — Deux pièces en faïence moderne : Pot rond décoré de figures et Vase à couvercle.

91 — Deux Lions assis, en faïence, émaillés en brun et rehaussés d'or.

91 *bis* — Fabrique hispano-arabe : Plat à reflets métalliques.

PORCELAINES

92 — Joli Cabaret en ancienne porcelaine de Saxe, décoré de sujets dans le style de Watteau avec encadrements rocaille, en or. Il se compose de douze tasses avec soucoupes et quatre grandes pièces.

93 — Joli buste de la reine Marie-Antoinette, en biscuit
de Sèvres.

94 — Tête à tête en porcelaine tendre, fond gros bleu,
décoré de médaillons d'amours et rehaussé d'or.
Il se compose d'un plateau, de deux tasses avec
soucoupes et trois grandes pièces.

95 — Beau service en ancienne porcelaine de l'Inde, décoré de fleurs et de bandes d'ornements au bord.
Il se compose de quarante et une Assiettes plates,
dix-huit Assiettes creuses, dix Assiettes à des-
sert, deux Sucriers, une grande Soupière, deux
saladiers, une Corbeille ronde, deux Légu-
miers, deux Saucières, deux Corbeilles à jour
avec Plateaux et huit Plats de dimensions
variées. Ce service pourra être divisé.

96 — Cache-pot avec plateau en biscuit de Wedgwood, à
fleurs sur fond bleu.

97 — Encrier en porcelaine, imitation Chine, décoré de
fleurs.

98 — Petit Pot à crême en ancienne porcelaine de Sèvres,
pâte tendre, décoré de fleurs.

99 — Médaillon rond en ancienne porcelaine de Chine,
portant les armes des Bourbon-Penthièvre.

100 — Quatre Compotiers en ancienne porcelaine de Saxe,
à bords gaufrés et décorés de fleurs.

101 — Quatre Compotiers, en forme de coquille, en porcelaine dure, du temps de Louis XVI, décorés
de fleurs.

102 — Joli Compotier, en ancienne porcelaine de Chine,
décoré en émaux de la famille verte à animaux
et fleurs.

103 — Petit Plat rond, en ancienne porcelaine de Chine,
décoré en émaux de la famille rose à attributs
et ornements.

104 — Moutardier sur plateau en porcelaine de **Chantilly**, décoré de fleurettes bleues.

SCULPTURES

105 — Marbre blanc. Les Saisons, représentées par deux groupes, composés chacun de deux têtes accolées, grandeur presque nature. Travail antique.

106 — Ivoire. Râpe à tabac, du temps de Louis XIV, offrant en bas-relief la figure d'Apollon. Le couvercle de la tabatière est décoré de figures.

107 — Bois. Deux Pièces : petit groupe composé de deux figures, et manche d'un instrument de musique.

108 — Ivoire. Statuette : le Christ debout, couronné d'épines.

109 — Bois et ivoire. Baiser de paix; offrant au centre le sujet de la Mise au tombeau.

110 — Ivoire. Petit Vidrecome, dont la panse offre des rinceaux et dés sujets tirés de l'histoire d'Hercule, sculptés en relief.

111 — Buis. Deux Bonbonnières sculptées à bustes et ornements; l'une d'elles a trois compartiments.

112 — Ivoire. Manche de couteau, composé d'un groupe de trois Enfants, dans le style de **François** Flamand.

113 — Ivoire. Deux Manches de couteaux, l'un du XVe siècle et l'autre composé de deux figures d'enfants.

114 — Bois. Reliquaire en forme de croix, en bois finement sculpté. Travail du Liban.

115 — Bois. Croix de même travail, mais plus ancienne.

116 — Bois. Cadre en bois sculpté à rinceaux, portant la
date de 1751.

117 — Bois. Deux pièces : Pion de tric-trac à figure en
relief, et Pièce d'échiquier.

118 — Marbre blanc. Médaillon ovale, offrant le buste
de Sully sculpté en bas-relief.

119 — Cire rouge. Buste de femme en haut relief. Dans
un cadre en bois noir.

120 — Terre cuite. Deux Statuettes : Enfants musiciens.

121 — Ivoire. Deux Médaillons ovales, offrant en bas-
relief des bustes de femmes en costumes du
temps de Louis XVI.

122 — Ivoire. Quatre pièces : Groupe de cinq Figurines
dans un écrin, médaillon ovale ; groupe de deux
Figurines et un Sujet religieux dans un cadre noir.

123 — Pierre de lard. Cinq pièces : Porte-Allumettes
découpé à jour, deux Porte-Bouquets et deux
Figurines.

ARMES ET FERS

124 — Joli Coffret en fer, à ornements gothiques repercés
à jour, xve siècle.

125 — Le Christ en croix, entouré des instruments de la
Passion ; le tout en fer doré.

126 — Bague en fer ciselé, à cariatides de syrènes et mascarons repercés à jour.

127 — Branche brisée Porte-lumière en fer damasquiné.
Époque Louis XV.

128 — Tabatière de forme ronde en fer ciselé à figures de
guerriers et ornements, et damasquinée d'or.
Époque Louis XV.

129 — Entrée de Serrure gothique en fer, accompagnée de sa clef.

130 — Serrure avec clef en forme de lyre.

131 — Deux Épées, l'une à poignée corde de fer et l'autre à poignée en velours.

131 *bis* — Très-belle épée du xvie siècle en fer ciselé et doré, à quillons droits et à lame striée et repercée à jour.

132 — Jolie Épée Louis XIII damasquinée d'argent.

133 — Épée Louis XIII à garde à enroulements et quillons droits.

134 — Deux Pistolets à rouet avec pommeaux en cuivre.

135 — Espingole avec canon damasquiné d'argent et bois incrusté.

136 — Deux Manches de sabre en ivoire sculpté. Travail indien.

137 — Poignard persan à lame courbe, en damas gris et manche d'ivoire sculpté, portant la figure d'un rajah.

138 — Petit Couteau poignard avec fourreau en fer damasquiné d'or. Travail moderne très-soigné.

139 — Sabre circassien avec ceinturon garni en argent niellé.

140 — Fusil Louis XV avec canon ciselé et garniture en argent.

141 — Cuirasse japonaise.

142 — Cachet en fer gravé et doré.

143 — Petite Boîte rectangulaire en fer à sujets de chasse, dorés et argentés.

144 — Poignard persan avec manche et fourreau en fer gravé et doré.

145 — Bouclier en cuivre oxydé, décoré de figures et de mascarons en relief. Travail moderne.

146 — Dague italienne en fer à quillons courbes.

147 — Deux Hallebardes; hampes en velours rouge.

147 *bis* — Deux petites Hallebardes; l'une d'elles est repercée à jour.

148 — Épée Louis XV à poignée en argent, et lame
portant un soleil gravé et doré.

149 — Fer de pertuisane de forme élégante et très allongée.

150 — Petite Éprouvette du xviii° siècle.

151 — Deux pièces : Fermoir d'Escarcelle doré et mors
arabe ciselé.

OBJETS VARIÉS

152 — Grand et beau Vitrail représentant le Christ en
croix entouré de saints personnages, et portant
la date de 1580. Il provient, dit-on, de l'église
Saint-Étienne-des-Tonneliers, à Rouen.

153 — Médaillon ovale du xvi° siècle, en prime d'amé-
thyste, sur lequel sont rapportés six médaillons
en or repoussé offrant des bustes de saints personnages en relief, et au centre un Saint-Esprit
en or émaillé.

154 — Lacrymatoire antique en verre bleu.

155 — Émail de Limoges. Jolie Plaque ovale, peinte en
émaux de couleurs, par *Pierre Raymond*, et
représentant le mois de Novembre.

156 — Émail de Venise. Reliquaire en forme de flambeau,
décoré d'ornements d'or sur fond d'émail varié
de nuances. xvi° siècle.

157 — Lot d'Autographes, provenant de chez l'abbé
Thomas, parmi lesquels on en remarque
quelques-uns de Bossuet, du cardinal de
Bernis, etc.

158 — Coffret couvert en cuir rouge, doré au fer. **xvii**e
 siècle.

159 — Petite Boîte ronde en cuivre ciselé et émaillé.
 Travail allemand du xvie siècle.

160 — Cavité de Salière en émail, genre Limoges. Dans
 un cadre en acajou.

161 — Bas-Relief carré en cuir, représentant la Cruci-
 fixion. Dans un cadre du temps, xvie siècle.

162 — Joli Bénitier en marqueterie de Boule, fleurdelisé
 aux angles; avec figures rapportées en relief,
 en bronze ciselé et doré. Époque Louis XIV.

163 — Saint-Ciboire en cuivre repoussé et doré, du temps
 de Louis XIII.

164 — Figurine étrusque antique, en bronze. Belle Patine.
 Collection Édouard Fould.

165 — Deux Pieds de saints-ciboires, en cuivre repoussé
 et doré du temps de Louis XIII.

166 — Coffret de la fin du xve siècle en bronze, offrant au
 pourtour des figures de Centaures portant des
 Nymphes. Travail italien.

167 — Grande Croix de procession du xve siècle.

168 — Bénitier en bois noir garni en argent, et orné d'une
 miniature sur vélin, représentant saint Jean.

169 — Petit Cartel formé d'une plaque de marbre blanc
 de forme rectangulaire, décorée de figures
 peintes par Sauvage, à l'imitation du bronze.
 Cadre doré.

170 — Sucrier en émail de Chine, à fleurs, sur fond bleu.

171 — Deux Plateaux ronds en émail de Chine, décorés de
 médaillons de paysages et de figures au centre,
 et d'arabesques au bord.

172 — Flambeau du xve siècle en cuivre.

173 — Figurine du temps, en bronze.

174 — Bourse formée de deux plaques d'émail, avec
 inscriptions.

175 — Boîte à thé en étain gravé, avec incrustations de cuivre.

176 — Une Peau de panthere.

BRONZES D'ART

177 — Statuette équestre de Marc-Aurèle, sur socle hexagonal. Bronze italien du xvie siècle.

178 — Petite Tête d'homme en bronze, belle patine. Travail italien du xvie siècle.

179 — Figure équestre de François Ier, en bronze.

180 — Une urne en bronze, ayant contenu, dit-on, le cœur de Turenne.

181 — Trois Statuettes en bronze : Daphné changée en laurier, Paysan debout et Indien à genoux.

BRONZES D'AMEUBLEMENT

182 — Cartel Louis XV en bronze doré, modèle rocaille et fleurs.

183 — Deux Flambeaux Louis XVI en bronze doré, modèle à colonnes.

184 — Deux Vases de style Louis XVI, en porcelaine dure émaillée bleu de Sèvres, et montés en bronze doré.

185-186 — Deux Galeries de cheminée, en bronze. Ce lot sera divisé.

187 — Cave à liqueur en cristal et bronze.

188 — Petite Pendule du temps de Louis XVI, en bronze doré au mat et marbre, à cadran tournant. Le balancier est formé d'une petite figurine en biscuit de Sèvres.

189 — Deux Flambeaux du temps de Louis XV, en cuivre ciselé à feuilles.

190 — Deux Flambeaux cassolettes en bronze, modèle à trépied.

MEUBLES

191 — Beau Tric-Trac fermant, en riche marqueterie d'ivoire et bois de couleur, xvie siècle. Il est accompagné de pions d'ivoire, drapeaux et cornets.

192 — Pied de Crédence en bois sculpté, xvie siècle.

193 — Coffret en bois sculpté, décoré d'ornements gothiques en relief.

194 — Grand Cadre en bois sculpté et peint en blanc, à figures et ornements. Travail du xvie siècle.

195 — Petite Pendule du temps de Louis XIV, en marqueterie d'écaille et cuivre, forme droite. Elle est garnie d'ornements en bronze.

196 — Pendule du temps de Louis XIV, en écaille rouge, garnie de bronzes dorés. Mouvement de Chantereau, à Paris.

197 — Pendule du temps de Louis XV, décorée de fleurs peintes sur fond brun et garnie d'ornements rocaille en bronze.

198 — Pendule en bois noir, garnie d'ornements de cuivre doré. Travail hollandais du temps de Louis XIII.

199 — Grand Bureau plat, du temps de Louis XV, en bois
de rose, garni d'ornements rocaille en bronze.

200 — Guéridon rond en bois de citron, monté à trépied
en bronze, à têtes d'aigles.

201 — Petit Meuble-Bureau, à casier mobile, en marqueterie de bois à fleurs et garni de bronzes. Époque
Louis XV.

202 — Fauteuil Louis XIII, en bois sculpté, couvert de
tapisserie au petit point.

203 — Table en bois sculpté sur pieds en bois tourné.

204 — Trois grandes Chaises portugaises en bois sculpté,
couvertes de cuir gaufré, à figures, rinceaux et
ornements.

205 — Glace du temps de Louis XIII, avec cadre plaqué
d'argent.

206 — Autre Glace avec cadre plaqué d'écaille et à moulures guillochées.

207 — Console de suspension en bois scuplté et doré, à
figures et ornements. Époque Louis XIV.

208 — Tabouret du temps de Louis XIII, en bois sculpté,
couvert de velours rouge.

209 — Fauteuil Louis XVI en bois sculpté et doré, couvert en brocatelle de soie.

210 — Petit Cartel Louis XIV en bois sculpté.

211 — Deux jolis Cadres carrés, à ouvertures ovales, en
bois finement sculpté et doré. Époque Louis
XIV.

212 — Deux Chaises du temps de Louis XIV, en bois
sculpté, couvertes de belle étoffe de soie brochée à fleurs sur fond blanc.

213 — Double Écran pliant, en cuivre, garni d'étoffe de
soie verte.

214 — Encrier du temps de Louis XV, en bois de rose et
garni d'ornements de bronze.

215 — Meuble à hauteur d'appui et à deux portes ornées
de panneaux en marqueterie de bois à fleurs,
du temps de Louis XIII, entourés de moulures
en bronze doré. Dessus de marbre.

216 — Table à jouer en acajou, sur pieds à cannelures
en cuivre poli. Époque Louis XVI.

217 — Fauteuil Louis XIII, en bois sculpté, couvert en
damas vert.

TAPISSERIES ET ÉTOFFES

218 — Fragment de Coussin, dit de Saint-Luc, et Escarcelle, donnés par Charlemagne à Magnus, archevêque de Sens. Ces deux pièces, qui datent du
IXe siècle, proviennent de la vente de l'abbé
Thomas, de Sens.

219 — Autre petite Tapisserie provenant également de
chez l'abbé Thomas, de Sens, et représentant le
Serpent d'airain.

220 — Mitre brodée en perles, d'un très-joli travail. Elle
a appartenu, dit-on, à Bossuet, et provient de
chez l'abbé Thomas, de Sens.

221 — Beau coupon de 3m25 d'Étoffe de soie, à riche dessin de style Renaissance en couleurs et or sur
fond noir. Belle qualité.

222 — Coupon de Brocard d'or à fleurs sur fond vert.
Long. 2m10.

223 — Tapisserie du XVIIIe siècle, représentant un sujet
champêtre.

224 — Portière persane.

225 — Quatre bandes de Tapisserie à la main, brodées
sur fond noir.

226 — Cinquante et un mètres Bordure moderne, dans le style de la Renaissance.

227 — Trois coupons d'Étoffe de soie brochée or; l'un vert, un autre maïs et le dernier à fond blanc. Le vert et le maïs mesurent ensemble 16 mètres.

228 — Robe en mousseline blanche, semée de feuilles d'or.

229 — Couvre-Lit Louis XIV, en soie grise brodée à fleurs, oiseaux et ornements.

230 — Coussin Renaissance, en satin gris, brodé en soie jaune d'or.

231 — Robe de chambre orientale, à ornements d'or brochés sur fond vert,

232 — Deux Rideaux et un Lambrequin en toile de Jouy.

TABLEAUX ANCIENS

—

ASSELYN

233 — Bohémiens auprès d'une cascade.

Bois. — H. 33 c. L. 36 c.

BERGHEN (Dirk Van)

234 — Animaux.

Au centre, pâtre et bergère au pied d'un arbre. Sur le premier plan, plusieurs vaches, une chèvre, un agneau; des collines boisées occupent les fonds de la composition.

Bois. — H. 56 c. L. 67 c.

BIBBIENA

235 — Vue de Rome.
236 — Pendant du précédent.

Toile. — H. 72 c. L. 94 c.

BOUCHER (François)

237 — Vénus soustrait Pâris à la fureur de Ménélas.

Esquisse en camaïeu.

H. 44 c. L. 55 c.

BRAUWER (Attribué à)

238 — Le Fumeur

Bois. — H. 22 c. L. 26 c.

BREUGHEL (Jan)

239 — Paysage

A l'entrée d'une forêt, à droite, l'épisode du bon Samaritain; sur la gauche, dans l'éloignement, canal bordé d'habitations.

Bois. — H. 33 c. L. 60 c.

BREUGHEL

240 — Cérémonie au milieu de ruines

Cuivre. — H. 22 c. L. 30 c.

BRUANDET

241 — Paysage et animaux

Cavalier et bestiaux sur une route; à droite, une mare et des rochers; au fond, la lisière d'un bois.

Bois. — H. 24 c. L. 32 c.

CANALETTI

242 — La Piazzetta : Venise

A gauche, au bord du quai, est amarré le Bucentaure. Cadre sculpté.

H. 48 c. L. 90 c.

CASANOVA

243 — Bataille : Choc de cavalerie.

Très-belle esquisse, remplie de verve et d'un coloris très-agréable.

H. 22 c. L. 37 c.

CASANOVA

244 — Le Coup de foudre.

Toile. — H. 70 c. L. 90 c.

CARÊME (Ph.)

245 — Fête à Bacchus.

Toile. — H. 49 c. L. 63 c.

'CARÊME

246 — Bacchante.

Toile. — H. 00 c. L. 00 c.

CHAMPAGNE (Ph. de)

247 — Portrait du duc de Bourgogne, jeune.

A mi-corps, tenant des livres, assis devant une table. Cadre sculpté.

Toile. — H. 77 c. L. 60 c.

CLOUET (École de)

248 — Portrait.

Buste de femme, costume du xvie siècle.

Bois. — H. 21 c. L. 17 c.

COCLERS (Christianne)

249 — Fleurs.

Des fleurs de toutes sortes, tressées en guirlandes, entourent un beau vase de marbre orné de bas-relief.
Signé en toutes lettres, et daté 1750.

Toile. — H. 81 c. L. 62 c.

250 — Même motif.

Pendant du précédent.

COYPEL (Charles)

251 — La Reine Cléopâtre.

Beau cadre sculpté, époque Louis XIV.

Toile. — H. 1 m, 12 c. L. 77 c.

DEBUCOURT (D'après)

252 — La Cruche cassée.

Toile. — H. 33 c. L. 42 c.

DE MARNE (Attribué à)

253 — Intérieur de ferme.

Cadre sculpté.

Toile. — H. 24 c. L. 32 c.

DEVRIES (R.)

254 — Paysage.

Habitations et massifs d'arbres le long d'un canal de Hollande.

Bois. — H. 34 c. L. 52 c.

DIETRICH

255 — Paysage.

Tour en ruines et vieux pont, dans un site boisé : au premier plan, des animaux couchés dans une prairie.

Cuivre. — H. 24 c. L. 31 c.

DOES (J. VANDER)

256 — La Fileuse.

Trois vaches, moutons et chevaux.

Toile. — H. 48 c. L. 45 c.

DYCK (Attribué à A. VAN)

257 — Tête de jeune homme.

En buste, de trois quarts, longs cheveux bruns, moustache naissante.

Toile. — H. 35 c. L. 30 c.

EISEN

258 — Le petit Instituteur.

Toile. — H. 38 c. L. 26 c.

FRAGONARD (Attribué à)

259 — Le Sommeil de Vénus.

H. 1 m. 62 c. L. 2 m.

FYT (JOHANNES)

260 — Oiseaux de basse-cour et Lapins.

Toile. — H. 84 c. L. 1 m. 18 c.

GILLEMANS (J.-P.)

ET

LAIRESSE (GÉRARD de)

261 — Fruits et Amours.

Dans la cour d'un palais, ornée de statues, deux petits
Amours fixent à un arbre une belle guirlande, formée de fruits
de diverses espèces.

Toile. — H. 95 c. L. 74 c.

GIOTTO (École de)

262 — Figure de saint.

Peinture sur fond doré.

GREUZE (?)

263 — Jeune Femme à sa toilette.

Jolie petite esquisse peinte avec légèreté; fragment d
tableau.

Cadre sculpté.

Toile. — H. 21 c. L. 16 c.

GRIFFIER (Jan)

264 — Paysage.

Troupeau de moutons, sur une route, au premier plan. **Dans** le fond, une chaine de montagnes couvertes de bois.

Bois. — H. 30 c. L. 40 c.

GRIMOUX

265 — Portrait de jeune fille.

Toile. — H. 63 c. L. 53 c.

GRUND (Norbert)

266 — Promeneurs et Patineurs.

Deux pendants. Cadres sculptés.

GRYF (A.)

267 — Trophées de gibier et Chiens de chasse.

Deux pendants.

H. 28 c. L. 33 c.

GUARDI (Attribué à)

268 — Réjouissances sur une place publique à Venise.

Toile. — H. 71 c. L. 58 c.

HEDA (G.-N.)

269 — Nature morte.

Pâté entamé, vidrecome, aiguière, citrons et plats de métal, sur une table recouverte d'une nappe.
Signé sur un coin de la nappe : Heda, f° 1665.

Toile. — 1 m. 05 c. L. 1 m.

HEDA

270 — Nature morte.

Coquille montée en hanap, verre à pied, citron, saladier.

Bois. — H. 76 c. L. 61 c.

HONDEKŒTER (Attribué à)

271 — Coq et Poules.

H. 61 c. L. 51 c.

HOOGHE (Charles de)

272 — Paysage.

Pigeonnier dans un arbre, au bord d'une route ; plus loin, groupe d'habitations rustiques. Analogie avec les œuvres de van Goyen.

Bois. — H. 24 c. L. 38 c.

HUGTENBURG (Attribué à)

273 — Cavaliers auprès d'une tente.

Bois. — H. 34 c. L. 46 c.

HUYSUM (Juste Van)

274 — Vase de fleurs et fruits sur une table de pierre.

Toile. — H. 72 c. L. 55 c.

JACOBBER

275 — Guirlande de fruits.

H. 17 c. L. 28 c.

JACOBBER

276 — Citrons et Raisins, en guirlande.

H. 16 c. L. 26 c.

LARGILLIÈRE (Nicolas)

277 — Portrait d'un magistrat.

Représenté à mi-jambes, debout, la main gauche sur la hanche, tenant de la main droite une paire de gants, il est enveloppé d'un ample manteau violet, doublé de rouge; il porte un rabat, et une longue perruque poudrée.

Superbe portrait, d'une facture magistrale.

Cadre sculpté.

Toile. — H. 1 m. 38 c. L. 1 m. 05 c.

LARGILLIÈRE

278 — Portrait de Femme.

De trois quarts, tournée à gauche, cheveux bruns relevés sur le sommet de la tête; robe de brocart, manteau de soie bleue.

Cadre sculpté, époque Louis XIV.

Toile. — H. 78 c. L. 62 c.

LEPRINCE (Xavier)

279 — Quatre petits paysages avec bestiaux.

LEYDE (Attribué à Lucas de)

280 — La Déposition de la croix.

> Les trois Maries, saint Jean, Nicodème, et Joseph d'Arimathée entourent le corps inanimé du Christ. Dans le fond, le Calvaire et la ville de Jérusalem.
>
> OEuvre très-remarquable, d'un coloris clair, d'une exécution légère et soignée; bel état de conservation.
>
> H. 44 c. L. 34 c.

LOO (Attribué à Van)

281 — Portrait de jeune femme.

> Forme ovale. Beau cadre en bois sculpté.

MIEREVELT

282 — Portrait d'homme.

> En buste, de trois quarts, moustache et barbe blanches; costume noir, collerette à fraise.
> Cadre sculpté.
>
> Bois. — H. 62 c. L. 47 c.

MIERIS (École des)

283 — Portrait d'homme.

> A mi-corps, bonnet de fourrure, robe de chambre en soie jaune, rayée de rouge.
> Cadre en chêne sculpté.
>
> Cuivre. — H. 19 c. L. 15 c.

MIERIS (École des)

284 — La Dentellière.

Cadre sculpté.

H. 18 c. L. 15 c.

MOLENAER (Jean-Miense)

285 — Le Marché aux chevaux.

Il y a foule dans la grand'rue d'une ville de Hollande : maquignons, cavaliers, promeneurs, villageois affairés, etc.

Tableau remarquable par l'importance de la composition et la franchise de son exécution.

Bois. — H. 53 c. L. 83 c.

MOLENAER (Klaas)

286 — Habitations rustiques au bord d'un canal.

Bois. — H. 35 c. L. 28 c

MOUCHERON (F.)

287 — Paysage : grands arbres.

Toile. — H. 43 c. L. 40 c.

MURILLO (École de)

288 — L'Adoration des Mages.

Charmante esquisse terminée.

H. 15 c. L. 33 c.

MURILLO (École de)

289 — Intérieur de cuisine.

Toile. — H. 50 c. L. 67 c

NATTIER (École de)

290 — Portrait de femme.

Toile. — H. 60 c. L. 45 c.

NETSCHER

291 — Joueuse de Mandoline.

Bois. — H. 30 c. L. 24 c.

NETSCHER (C.)

292 — Portrait de femme.

En buste, corsage de satin, manteau bleu.
Petit portrait, de forme ovale, placé dans un très-beau cadre
finement sculpté, de l'époque Louis XIV.

NOEL

293 — Marine : Tempête.

Navire en détresse, à quelque distance d'une tour qui s'élève
à l'extrémité d'une digue. Au premier plan, sur des rochers,
des hommes recueillent les épaves d'un bâtiment.

Toile, forme circulaire, diamètre 46 c.

PANNINI (J.-P.)

294 — Groupe de bohémiens.

Toile. — H. 44 c. L. 38 c.

PORBUS

295 — Portrait de femme.

En buste, collerette à fraise, robe et cornette de soie noire.
Cadre en cuivre repoussé.

H. 28 c. L. 24 c.

RIGAUD

296 — Portrait d'homme.

En buste, perruque poudrée, manteau rouge, cravate de
dentelle.

Toile. — H. 55 c. L. 46 c.

ROEK

297 — Les Petits Ramoneurs.

Toile. — H. 65 c. L. 54 c.

RUBENS (Attribué à P.-P.)

298 — Chasse.

Cadre sculpté.

H. 51 c. L. 73 c.

RUBENS (D'après)

299 — La reine Thomyris faisant plonger la tête de Cyrus dans un vase rempli de sang.

RUYSDAEL (Attribué à Jacques)

300 — Entrée de village.

Au premier plan, un petit garçon suivi d'un chien et un homme conduisant un cheval blanc par la bride, cheminent sur une route bordée d'arbres et d'habitations, qui se dirige, par un coude, vers la gauche de la composition. Une bande de verdure, que surmonte la flèche d'une église, masque l'horizon.

Les arbres et les cabanes du premier plan, enveloppés d'ombre, se détachent en vigueur sur un ciel nuageux, d'une coloration fine et argentée.

Beau tableau, d'une grande puissance d'effet.

Bois. — H. 40 c. L. 59 c.

RUYSDAEL (Salomon)

301 — Canal de Hollande.

Deux barques sur une rivière qui coule à travers un bois touffu. Ciel gris nuageux.

Bois. — H. 32 c. L. 27 c.

SOLIMÈNE

302 — Les Dieux de l'Olympe.

Toile. — H. 71 c. L. 58 c.

SPAENDONCK (Gérard Van)

303 — Fruits.

Pêches, ananas et melon.

Signé.

Toile. — H. 30 c. L. 38 c.

STALBEMT (Adrien)

304 — Abraham renvoie Agar.

Signé.

Cuivre. — H. 40 c. L. 56 c.

SWEBACH

305 — Le Jockey.

Toile. — H. 33 c. L. 41 c.

TITIEN (École de)

306 — Charles-Quint.

Représenté à mi-corps, tenant des gants, et les deux mains reposant sur un coussin; il porte un costume de soie noire. Derrière lui est une draperie à devise, entourée de tous les écussons des royaumes composant l'ancienne monarchie espagnole : Castille, Aragon, Grenade, Valence, Murcie, etc. Beau Cadre sculpté.

Toile. — H. 1 m. 45 c. L. 1 m.

TORENVLIET

307 — Le Dévideur.

Cadre Louis XVI, en bois sculpté.

Toile. — H. 39 c. L. 47 c.

VALLAYER-COSTER

308 — Le Duo.

Une jeune femme, portant un élégant costume du temps de Louis XVI, est assise au pied d'un arbre et chante une romance dont elle a la musique sur les genoux; un jeune homme l'accompagne sur la harpe. *3oo*

Toile. — H. 64 c. L. 1 m. 25 c.

VALLIN

309 — Paysage : Campagne de Rome.

Signé et daté 1792. */oo*

Bois. — H. 24 c. L. 31 c.

VELASQUEZ (École de)

310 — Cavaliers.

Toile. — H. 40 c. L. 26 c.

VELDE (Attribué à Ad. Vanden)

311 — Pâturage.

Trois vaches et quatre moutons au repos dans un pré. A gauche, une villageoise assise à terre, et un petit enfant qui monte sur une chèvre. *35o*

Toile. — H. 39 c. L. 51 c.

VERKOLIÉ (N.)

312 — Moïse sauvé des eaux.

Agréable tableau de l'artiste.
Signé en bas, à gauche : **N. Verkolié.**

Toile. — H. 67 c. L. 58 c.

VERNET (Joseph)

313 — Port de mer : les Baigneuses.

De nombreuses figures de jeunes femmes, d'un dessin élégant et d'une touche spirituelle, animent les premiers plans. Les unes se livrent au plaisir du bain; les autres s'habillent ou se reposent à l'entrée d'une grotte, située à gauche de la composition, auprès d'un beau massif d'arbres touffus. Plus loin, du même côté, la porte d'une ville. Effet du matin. Mer calme. Le ciel et les eaux sont d'une coloration blonde, fine et lumineuse. Tableau capital du maître.

Signé : **J. Vernet. F. 1777.**

Cadre sculpté.

Toile. — H. 87 c. L. 1 m. 31 c.

VERNET (Joseph)

314 — Marine : Scène de naufrage.

Toile. — H. 24 c. L. 32 c.

VERNET (Genre de H.)

315 — La Retraite de Moscou.

VERNET (Attribué à H.)

316 — Trois Lanciers.

H. 28 c. L. 23 c.

VIEN

317 — Abel offrant un sacrifice.

Toile. — H. 1 m. 33 c. L. 96 c.

VINCI (D'après L. de)

318 — La belle Ferronnière.

Copie attribuée à Girodet.

Toile. — 57 c. L. 48 c.

ÉCOLE FRANÇAISE

319 — Portrait d'amiral.

A mi-jambes, habit gris et gilet brodé d'or.
Cadre sculpté.

H. 1 m. 28 c. L. 97 c.

ÉCOLE FRANÇAISE

320 — Portrait de Mme .....

A mi-jambes, ayant à ses côtés une jeune fille à qui elle
présente des fruits.
Cadre sculpté. Forme ovale.

H. 80 c. L. 62 c.

ÉCOLE FRANÇAISE

321 — Portrait de femme en domino et tenant un masque.

Toile. — H. 80 c. L. 62 c.

ÉCOLE FLAMANDE

322 — Portrait de jeune femme coiffée en cheveux.

H. 51 c. L. 45 c.

ÉCOLE HOLLANDAISE

(Signature illisible).

323 — Bords de rivière avec cabanes.

Cadre sculpté, époque Louis XIII.

Bois. — H. 44 c. L. 64 c.

ÉCOLE HOLLANDAISE

324 — Jeune Fille (Buste).

Cadre sculpté.

H. 12 c. L. 10 c.

TABLEAUX MODERNES

—

ALBRIER

325 — La Voluptueuse.

Bois. — H. 43 c. L. 30 c.

AZE (Adolphe), 1846

326 — Réconciliation de Lesueur avec Lebrun.

Toile. — H. 83 c. L. 1 m. 10 c.

BELLANGÉ (H.)

327 — La mère Moscou fêtant la prise d'un drapeau.

Épisode de la campagne d'Espagne.

Toile. — H. 60 c. L. 74 c.

BONINGTON (?)

328 — Place de marché à Venise.

Toile. — H. 22 c. L. 28 c.

BROWN (John-Lewis)

329 — Le Cheval abattu.

Toile. — H. 25 c. L. 29 c.

BRUN

330 — Nymphe et Satyre.

Toile. — H. 23 c. L. 31 c.

CHARLET

331 — Troupiers à la guinguette.

Toile. — H. 41 c. L. 33 c.

CHARLET (Attribué à)

332 — L'Alchimiste.

Toile. — H. 36 c. L. 25 c.

CORTÈS

333 — Pâturage.

COUTURIER

334 — Le Renard au poulailler.

Toile. — H. 33 c. L. 43 c.

DAMOYE (E.)

335 — Laveuse. Paysage : effet d'automne.

H. 42 c. L. 80 c.

FLERS (C^lle)

336 — Paysage avec rivière.

HAGEMANN (De)

337 — La Récolte du Varech.

Bois. — H. 16 c. L. 26 c.

ROQUEPLAN (C^lle)

338 — Figure allégorique de la peinture.

Toile ovale. — H. 46 c. L. 39 c.

SCHLESINGER

339 — Le Pont d'Amour

Toile. — H. 27 c. L. 35 c.

SOUTIF (Paul)

340 — Poulailler.

Bois. — H. 30 c. L. 40 c.

VINCELET

341 — Bouquet de fleurs.

Toile. — H. 32 c. L. 24 c.

WASHINGTON (G.)

342 — Arabe et son cheval.

Toile. — H. 36 c. L. 46 c.

PASTELS, AQUARELLES, DESSINS

343 — **Bellangé** (H.). Brauwer, au cabaret, soldant son écot avec un dessin (Aquarelle signée et datée 1837). *300*

344 — Id. Officier d'infanterie, sous la République (Aquarelle, signée et datée 1839). *100*

345 — Id. La Mère Moscou (Aquarelle datée 1832). *300*

346 — **Boël**, élève de Snyders. Attributs de musique (Sanguine).

347 — **Bonvin.** Femme à la fontaine (Dessin). *40*

348 — **Charlet.** Le Sacristain (Aquarelle).

349 — **Charlet** (Attribué à). Les Lanciers (Aquarelle).

350 — **Claude** (Lorrain). Marine. Dessin avec cadre sculpté Louis XVI, orné de deux motifs: Attributs de musique.

351 — **Dauzats.** La Tour del Oro, à Séville (Aquarelle). *55*

352 — **Devéria.** Tête de philosophe (Sépia).

353 — **Drouais.** Portrait de jeune homme (Pastel).

354 — **Duval** (T.), 1871. Vue de Paris, prise de Montmartre. Grand dessin. *100*

355 — **Fragonard.** Vision de Henri IV (Gouache). *50*

356 — **Fragonard.** (Attribué à). Concert d'enfants. Très-petite aquarelle. Cadre sculpté.

357 — **Galbrund.** Portrait d'Henri Monnier (Pastel). *40*

358 — **Gayrard.** Dessin de médailles allégoriques du premier Empire. *20*

359 — **Guardi** (Signé). Portrait de femme. Cadre sculpté.

360 — **Guérin** (D'après). Énée et Didon. Grand dessin pour la gravure.

361 — **Harpignies.** Vue du Capitole (Aquarelle).

362 — **Huet** (J.-B.). La jeune Fermière (Crayon noir et sanguine).

363 — **Id.** Gibier mort (Dessin). Cadre sculpté.

364 — **Lawreince.** Jeune Femme en robe bleue (Aquarelle). Joli cadre sculpté.

365 — **Martinet.** Le Pont d'Arcole (Sépia). Cadre sculpté.

366 — **Nicolle.** Trois Aquarelles : Vues d'Italie.

367 — **Parizeau.** Henri IV chez le bonhomme Michau. Dessin lavé d'aquarelle.

368 — **Percier.** Vue de la colonnade du Louvre (Dessin).

369 — **Pils** (J.). Le galant Troupier (Aquarelle).

370 — **Tesson** (L.). Marché d'Orient (Gouache).

371 — **Id.** Vue d'Orient (Dessin).

372 — **Tiepolo.** Très-grand dessin à la plume (Motif de plafond).

373 — **Vernet** (Joseph). Pêcheurs (Crayon).

374 — **Villeret.** Cathédrale de Reims (Aquarelle).

375 — Vue de Venise (Aquarelle). Dans un cadre en vieux verre de Venise.

376 — Le Triomphe de Cérès (Gouache du temps de Louis XIV).

377 — Apollon et les Muses (Autre gouache de même époque).

378 — Le Colin-Maillard (Ancienne gouache). Dans un cadre sculpté.

379 — Dessin attribué à Jules Romain.

380 — Sanguine attribuée au Perugin. Cadre italien en bois sculpté.

381 — Vue de Monuments (Dessin). Dans un cadre en bois sculpté.

382 — Duchesse d'Orléans (Mine de plomb). Cadre
     sculpté.

383 — Henri IV (Dessin). Cadre noir.

384 — Sujet religieux (Dessin de l'École allemande).
     Cadre sculpté.

385 — Mascarade à Venise (Gouache). Cadre noir.

386 — Vue de Rome (Aquarelle sur trait imprimé).

387 — Deux pièces en couleurs, d'après **Taunay**: la Noce
     et la Foire de village, gravées par Descourtis.

388 — Sous ce numéro, 21 pièces, dessins : Projets d'ar-
     chitecture.

389 — Sous ce numéro, un lot de Gravures.

390 — Navlet bataille 80,

391 — dessin ancien

392 — dessin plume banque

393 — 1 aq. costumes et 2 pastels vues d'Egypte.

Vᵉᵉ Renou, Maulde et Cock, impr de la Compagnie des Commissaires-Priseurs,
rue de Rivoli, 144.   40132

9 782329 537924